Auf schwankendem Boden

.

Auf schwankendem Boden

Gedichte

von

Jürgen Sanders

BoD – Books on Demand, Norderstedt, 2021

Bibliographische Information der Deutschen
Nationalbibliothek:
Die Deutsche Nationalbibliothek verzeichnet diese
Publikation in der
Deutschen Nationalbibliographie; detaillierte
Informationen sind im Internet über
http://dnb.dnb.de/ abrufbar.

Hrsg., Satz und Gestaltung: Lukas Sanders

Herstellung und Verlag: BoD – Books on Demand,
Norderstedt

ISBN: 978-3-753409313

Krise

Schockstarre
Innehalten
ein Atemholen
für uns und die Natur
Wie wird es weitergehen

Trotz allem

Trotz allem
dir zum Mut
ein Hoffnungsvoll
von mir

Ungewissheit

Das Kreuz versinkt
steigt aus dem Meer
Bangen und Hoffen
Blätterfallen Vogelsteigen
Ich warte ab bewege mich
im Stillgang

Waldsterben

Riesige Kahlschläge
tote Bäume
Fichtengrau
Ein Bach Feuchtwiesen
die Bank unter Erlen
Ich setze mich
schließe die Augen
Plätschern Blätterrauschen
erinnere mich
an dichte grüne Wälder
Morgen pflanze ich einen Baum

Hoffnungsschimmer

Der Wald ist abgebrannt
es zieht noch
heißer Rauch
durch meine Augen
Ich kann dich
nicht erkennen
aus den Wolken
höre ich dich regnen

Störfall

Taumle Tschernobyl verloren
Meine Hände Blätter fallen
Suchen gibt es noch im Frühling
Radioaktiver Regen

Hoffnung in entlaubten Zweigen
Nur ein Störfall singt kein Vogel
Stehen still nach Halt und warten
Greifen Hand in Hand ins Leere

Berge

Welke weil wir uns auf dieser
Felder liegen brach wir träumen
Vor uns Berge Lifte Muren

Sanft von Blumen Alpenrosen
Kahle Hänge Schlammlawinen
Ruhe platt gewalzte Wiesen

Welt nicht ganz und hoffen leise
Menschenleere Dörfer Täler
Vor dem Sturm zu Hause fühlen

Entsorgung

Fühle mich oft kerngespalten
und ich radioaktive
hin und wieder Reaktoren

Fühle ich mich stark belastet
werde ich entsorgt und strahle
spiele mit dem Geigerzähler

Abgemeldet

Das stillgelegte Auto
steht vor meinem Haus
der Tank ist leer
Ich schnüre meine Schuhe
und beschließe
ab heute gehe ich zu Fuß
nehme Fahrrad
Boot und Zug

Schwalben

Die Augen
steilwärts gerichtet
auf höhere Bahnen
Übersommern
in den Lüften
vogelmütig
frei

Wildblüten

Blütenkelche in der Sonne
duften bieten sich an
Bienen Hummeln Schmetterlinge
kommen vorbei
ein Nehmen und Geben

Waldspaziergang

Wind blättert
in den Bäumen
vielstimmiges Rauschen
Waldgeschichten
aus dem Buch der Natur

Waldbaden

Durchatmen im Waldsaal
umarme die Bäume
Ein Bad auf der Lichtung
Vogelmusik
Was für ein Tag

Geborgen

Neben dem Licht
das Schattenliebchen
unscheinbar im
Blütenmeer geborgen

Frieden

Sitze in meinem
Behagnis
zufrieden
um mich der Garten
ich träume
genieße

16

Gras

Spätsommerwiese
Ich höre das Gras wachsen
Es kitzelt im Ohr

Herbst

Hülle mich ein
in eine Wolke von Musik
tanzende Träume
vor dem Fenster
Blätter im Wind
buntes Treiben

Im Schnee

Die Landschaft
eingeweißt
durchlichtig hell
wir hinterlassen Spuren

Ein Naturgedicht

Ich habe nichts
zu sagen
Es spricht
sich selbst

Überscheinen

Der Schatten fällt
ins Wort
ein langes Schweigen
unter Bäumen
es ist blütenstill
und licht
ein Überscheinen

Terror

T **E** R R O **R**

T E **R** R **O** R

T E R **R** O R

T E **R** R **O** R

T **E** R R O **R**

Wie einst

Wir sind
Egoisten geworden
Ich habe Angst
dass wir Barbaren werden

Gegeneinander

Gemeinsam schlagen wir
auf Schwächere ein
Gemeinsam gehen wir
unseren eigenen Weg allein

In Spiegel

Werft eure Steinworte
Gestrauchelten
Gefallenen
entgegen
zwingt sie in den Staub
schaut auf sie herab
in Spiegel

Getroffen von Steinworten
Erniedrigte
Klagende
am Boden
schauen auf
in Spiegel

In der Fremde

Ich bin nicht von hier
kenne die Straßen
die Menschen nicht
frage nach dem Weg
man versteht mich nicht
Hier wohne ich
doch ich lebe hier nicht

Mein Leben

Entkommen
der Langsamkeit
der Öde
genieße ich
ein schnelles
prall gefülltes Leben
vollgestopft mit
bunter Leere

Verstört

Scheinwerfer blenden
Wohntürme
schatten mich aus
Motoren heulen auf
Stürzen Häuser ein
muss fliehen
In den Hausflur
mit dem Aufzug
elfter Stock
zurück zu mir

Spuren

Zergrüble mich
und falle
zwischen Räume
Flüchtige Nichtgestalten
zerren mich durch Wände
Eingemauerte Stille

Gegen die Welt

Er verschloss sich
in Musik
sah Stimmen
wurde Hören Tanzen
Singen
gegen diese Welt
der Lügen
Kälte und Gewalt

Am Meer

Zugeweht vom Sand
der öden Tage
warte ich am Strand
und trage
Wanderdünen
mit mir

Konkurrenzlos

Wir laufen zusammen
niemand rennt davon
niemand bleibt zurück
niemand gibt auf
Gemeinsam
erreichen wir
das Ziel

Alltäglich

Die Vertrautheit
des Banalen
die Schönheit
des Vertrauten

Der Weg

Aus der Schöpfung schöpfen
die Verlorenheit verlieren
Raumzeit weist den Weg

Standorte

Ich stehe nicht
über den Dingen
ich stehe daneben
Du bist mittendrin
Dabei

Schweigen

Meine Verse suchen
doch finden dich nicht
Du versteckst dich
schickst mir
dein Schweigen

Nebel

Du schreibst so
poesielich leicht
in deinen Nebeleien
will ich mich verlieren

Schreibblockade

Manchmal stecke ich fest
im Schweigen
Wortstarre vertiefe mich
in Bücher reise
seitenlange Wanderungen

Im Wortsee

In den Wortsee getaucht
der Verstummte
Seiten durchschwommen
bei Nacht
ganz versunken
von Büchern verschlungen

Innerlichkeit

Sprachlich lecker angemacht
leichte gut bekömmliche Kost
etwas für das Auge
Angerichtet ein Nichts aus Versen
Wie schön sich Wort
an Wörtchen reiht
das geht in Ruh
und Schweigen unter

Verschwiegen

Hinter verfallenen Mauern
durch dichte Büsche Hecken
auf nie gedachten Pfaden
Wortwilde sehe ich
wachsen und blühen
im Ungelesen Vergessen
Verschwiegen

Finsternis

Dunkle Schattensteller
legen Köder aus
und warten
Wir tappen in die Nacht

In Spiegelschrift

Durchschreibst
meine Kopfwand
hinter der Stirn
deine Klage
in gestochener
scharfer Schrift

Plötzlich

Ein Unerwarten
stellt sich
ins Greifen
ein zitternder Halm

Gedankensprung

Ein klarer Gedanke
dreht sich um dich
verliert den Halt
entspringt ins
Ungefähre

Nacht

Mondfluten
Wellen untergangen
früh Ersternte
wortfern klagen
Sturmgestanden
kaltes Land

Sprachlos

In Höhlen geborgen
versteinerte Liebe
verschwiegen
Überstimmt
von Sprachgetümen
linden Worteleien

Aufbrechen

Vollmondwilde Nacht
und baumlos kalt
Steinworte untertagen
Über dem Singen
davon

Am Abend

Kam und leicht
ging über Wiesen
Sondersame
mondallein
wortgeweht
gelöst im Wind

Dein Foto

Dieses Glanzlichtfoto von dir
auf gewelltem Papier
dein Gesicht auf den Wellen
schwimmt davon
ich versinke

Aus der Zeit

Verloren sind wir
aus der Zeit gefallen
Zeiger brechen
Zahlen kreisen
wir waren

Albtraum

Trümmer im Ohr
es ist staubig und finster
rollende Köpfe
Salat

Traum

Achthundert Kilometer fahre ich
da steht mein Bein
Vater weckt mich
Mutter wartet schon
mein Fuß schläft ein

Am Ufer

Aufgequollene gewellte
Pappe und Papier
Mein Kopf liegt
neben deinem Fuß
am fernen Ufer
nah der Bank

Entblößt

Nackt stand ich vor dir
Mein volles Geständnis
dein siegreiches Lächeln
Ich hatte mir alles
nur ausgelogen
Am Meer

Am Meer

Sandwortig sprichst du
rieselst durch meine Gedanken
zerstreust dich in mir
Wir träumen uns Strand
es wird Meer

Wölkin

Mit dunklen Wolken
sehe ich dich treiben
träume mich zu dir
Wölkin lass mich regnen

Sommernacht

Ich sternklare
vollmondig
schaust du mich an
Wir finden uns
im Meeresspiegel

Das Band

Fernes Schweigelösen
ein blassviolettes
flatterndes Band
Zersehne mich
nach einem Wort
von dir

Sehnen

Ruflichter
in der Nacht
Der Weg zu dir
ist ausgesternt
am Himmel

Am Abend

Klanglichter
am Himmel
Lass uns
zu den Sternen
tanzen

Dein Lächeln

Du strahlst
dein Licht
bricht sich
in mir

Auf und davon

Stummnacht
Weltenschweige
Stille
Tief in Mond
und Weiß
zerklungen
liedern wir uns
fort und
treiben

45

Himmel auf Erden

Ein Sonnetragen
unter der Haut
verborgenes Licht
dein inneres Strahlen
du lächelst mich an
um mich ist Himmel
Ermonde unter
deinen Blicken

Ins Wir

In deiner Liebe
von dir umborgen
warm und weich
Eingehöhlt in deine
sanfte Stille
lasse ich mich frei

Gefunden

Mir haften Schatten
an den Händen
gefallene Spuren
aus Licht

Dir steigen Wolken
aus den Worten
weidende Herden
von Silben

Uns binden Töne
aneinander
sich findende Stimmen
zu Liebe

Gelöst

Du hast mich
blutgeströmt
mit deinen Lippen
rotgeglüht
mit deinen Blicken
windgelöst
mit deinem Haar

Gerettet

Totlebend stand er
am Rand
Dein Blick hielt ihn fest
zog ihn an
Es war Liebe

Spuren

Wunderlinge
Fährtenleger
unbekannte Wälder
Finde Zeichen
tiefe Spuren
führen mich
zu dir

Bei dir

Am späten Abend
laufe ich zu dir
und sinke
in dein weiches Gras

Aus deiner Wärme
steige ich am Morgen
gehe zögernd
in ein kaltes Land

Die Nacht

Ich muss aus dem Licht
aus der Enge
zu dir
Die Nacht
schminkt sich
für mich
sie will tanzen
Verlangend
schmiegt sie
sich an mich
Ich habe den Tango

Im Stau

Er fährt mit der
Hand über Land
Sie spreizt die Beine
öffnet die Lippen
lehnt sich zurück
Es geht weiter

Hörig

Frau
du bist Korn
lass dich trinken
mich sinnlos
an dir besaufen
Mach mich blau
sei mir übel
lass dich erbrechen
Sei mir Filmriss
mach mich hemmungslos
lass dich um mich drehen
Muss dich trinken
Schluck für Schluck
mach mich glücklich

Ein Hundeleben

Du willst mich
ausführen ich soll
Männchen machen
apportieren
dir zu Füßen liegen
mich ergeben in unser
gemeinsames Leben

Engel

Die Engel in den
Funkelwerkstätten
leuchten uns
ins Seelentief
führen uns
durch Höhlengänge
aus der Finsternis
ins Leben

Kindergeburtstag

blinde kuh im licht
spielhaus gesehen
topfschlagen im ohr
wurmstichige äpfel
auf der streuobstwiese
wir pressen saft
nehmen der kuh die
binde von den augen
es gibt waffeln mit
kirschen und sahne

Maumi

Sie liegt auf der Bank
vom Schlaf entführt
die Vorderpfoten
zucken im Traum
Tief ruht sie
ihre Ohren sind wach

Deine Verse

Todessehnsucht
süßes Sterben in Versen
Du hast noch niemals
mit dem Tod
am Sterbebett gesessen

Heroin

Fremde deine Eltern stehen
vor dem frischen Grab
Hatten dich schon früh verloren
zarte Blume blattlos bleiche
Herbstzeitlose
früh gestorben
an Unlebbarkeit
des Lebens

Haltlos

Klammere mich
an die Haltlosigkeit
steige ins Glas
ertrinke an mir

Pfandflaschen

Er sitzt in einer Lache
voller Biereinsamkeit
füllt Flaschen
mit Erinnerungen
gibt sie zurück
gegen Pfand

Schicksal

Das Leben rinnt
wie Pisse
hinab ins
Ungewisse
und verläuft
am Rande
kurz erwähnt
im Sande

Der Fremde

Nie bin ich nebelweich
immer scharfer Schnitt
ins Leben
Stets nah euch
und vertraut
bleibe ich
ein Fremder

Schleichendes Gift

Jeden Tag
lese ich
ein Gedicht
um langsam
daran zu sterben

Entronnen

Mein Zwischentod
ein noch einmal
Davongekommen
das zweite Licht
ich lasse mich leben

Leben

Ich will wehen
übersteigen
vor dem Sterben
leben gehen

Abschied

Der Weg ist
wie ein Abschied
von den Dingen
die mir so lieb
und tief vertraut

Der Tag ist
wie ein letztes
helles Singen
es kriecht ganz langsam
unter meine Haut

Mir ist als
müsse alles
bald verklingen
und gehe weiter
bis zum letzten Laut

Sterben

Tod streicht durch
das Leben
ein langer Schnitt
durchtrennt
zu überlieben

Ein Traum

Mein Schlaf als Asche
endet nicht
auf hoher See
im Wind zerstreut

Inhalt